परिचिता

(काव्य संग्रह)

AF080555

परिंदों के साथ भी बैठा कीजिए एक वही हैं
जो आसमान को छूकर धरती पर उतरते हैं

(सुधा सिक्रावर)

BlueRose ONE.com
Stories Matter

BLUEROSE PUBLISHERS
India | U.K.

Copyright © Sudha Sikrawar 2023

All rights reserved by author. No part of this publication may be reproduced, stored in a retrieval system or transmitted in any form or by any means, electronic, mechanical, photocopying, recording or otherwise, without the prior permission of the author. Although every precaution has been taken to verify the accuracy of the information contained herein, the publisher assume no responsibility for any errors or omissions. No liability is assumed for damages that may result from the use of information contained within.

BlueRose Publishers takes no responsibility for any damages, losses, or liabilities that may arise from the use or misuse of the information, products, or services provided in this publication.

For permissions requests or inquiries regarding this publication, please contact:

BLUEROSE PUBLISHERS
www.BlueRoseONE.com
info@bluerosepublishers.com
+91 8882 898 898
+4407342408967

ISBN: 978-93-5819-092-2

Cover design: Meenu Dhama
Typesetting: Rishi Kavishak

First Edition: June 2023

भूमिका

कवयित्री सुधा सिकरावर द्वारा सृजन की गई ''परिचिता'' काव्य संग्रह उनके जीवन के विभिन्न आयामों, अनुभवों, त्याग, तपश्चर्या और समर्पण भाव को दर्शाता है। जनवरी 2023 में ही प्रथम परिचय इनकी ही रची पंक्तियों ''चलो यार कहीं चलते है'' से हुआ। लेखन कला की अद्भुत शैली से अबोध अभिभूत हुआ।

''परिचिता'' काव्य संग्रह प्रत्येक पाठक के हृदय को द्रवित करती है। प्रत्येक पाठक जिसने इनकी कविताओं को पढ़ा, काव्य रस का पान करने हेतु विवश हुए। काव्य के क्षेत्र में ''परिचिता'' अद्भुत एवं बेजोड़ नमूना है। परिचिता काव्य संग्रह ''मेरा मन'' विहँगिनी का मंथन और निष्कर्ष जीवन ''शब्द'' आदि विलक्षणता के साथ सटीक शब्द चयन के द्वारा पाठकों के सामने प्रस्तुत किया है, जो कवयित्री के निजी जीवन से संबधित, ऐतिहासिक, पौराणिक आख्यान एवं वेदान्त दर्शन का अनुभव झलक भी दृष्टिगोचर होती है। प्रस्तुत काव्य संग्रह गृहस्थ तथा आध्यात्मिक जीवन पथ को सदैव आलोकित करती है।

विहँगिनी का मंथन और निष्कर्ष कवयित्री के जीवन मूल्यों के दर्शन कराती है। निःसंदेह पाठकों के व्यक्तित्व निर्माण में सदैव अग्रगण्य रहेगी।

समय और विहँगिनी से उद्धृत पंक्तियाँ –

कहा समय ने, था मैंने
तुम्हें रौंदा, बहुत ही वेग से
लेकिन तुम तो, हो खुश
क्यों नहीं हो, तुम मुरझाई
तुम तो हो, स्वयं में ही समाई

कवयित्री ने अपने जीवन में समय के साथ-साथ अनेक कठिनाइयों का सामना किया। इनके जीवन में जीवट तथा धैर्य परिलक्षित होता है। स्वयं विहँगिनी बन परमतत्व से समागम करने का अदम्य साहस तथा उत्कृष्ट अभिलाषा करती है, तथा निज-स्वरूप से आत्म-साक्षात्कार करने के लिए दृढ़ निश्चय करती है। प्रस्तुत पंक्तियां —

स्वयं को पहचान ले तो
जग को भी पहचान लेगी तू
बात छोटी ही है मगर
गहरी है ये जान ले तू।

जीवन रूपी यात्रा के विभिन्न थपेड़ों से त्रस्त तथा पस्त होकर निराशाओं से घिर कर के भी अपने जीवन के लक्ष्य को पूरित करने के लिए परमात्मा से अत्यन्त करूणामय शब्दों से संबोधित करती हुई कहती है।

शब्द नहीं, तुम निःशब्द
ही चले आते एक बार।
मैं निश्चित होकर तो
सो ही लेती प्राणाधार।।

परिचिता काव्य संग्रह में सुधाजी ने

"मेरा मन" कविता के माध्यम से मन का स्वरूप शब्दों का प्रभाव, क्षमता, महिमा व प्रभुत्व से पाठकों के हृदय को छूने का सफलतम प्रयास करते हुए उनके मानस पटल पर गहरा प्रभाव जमाने में महारत हासिल करती है।

मेरा मन – *लिख देती ग्रंथ मैं सारा*
थामकर हाथ तुम्हारा
अब टूट गये है सारे किनारे
समुद्र हो गई है अश्रुधारा
अब तुम्हीं बतला दो कोई किनारा

माँ के प्रति अपार श्रृद्धा तथा ममतामयी माँ को भी कवयित्री ने पंक्तिायें के माध्यम से पुनः स्मरण करते हुए लिखा है।

ये पंक्तियाँ माँ को समर्पित है

हर रोज वो 16 घण्टे का सफर तय करती हूं
कुछ भी लिखने से पहले मैं माँ जरूर लिखती हूं।

ये हृदय मर्मस्पर्शी पंक्तियाँ माँ के ममत्व की अमिट प्यार को उजागर करती है।

सुधा जी ने मन काव्य रचना के माध्यम से गनःस्थितियों के बारे में पाठकों को अवगत कराया है जो अपनी चंचलता से मन मर्कट कहलाता है

प्रस्तुत पंक्तियाँ – जीवन के प्रांगण में बड़ा नचाता है ये मन
बन्द कर लेती हूं मन के सारे द्वार
पर चौखट के उस पार, ये मन जाने क्यों भटकता है
कुछ तो है शेष, जो ये अभी भी स्पन्दन कराता है।

हर माता–पिता को समर्पित ये पंक्तियाँ पाठकों के लिए अत्यन्त हृदय विदारक है, जो एक पुत्री अपने माता–पिता के जीवन में त्याग की मूरत के रूप में सब कुछ छोड़कर पराई हो जाती है। प्रस्तुत पंक्तियाँ–

बड़ी–बड़ी जागीरें छोडकर आती है वह तुम्हारे द्वार
पर हर बार पुत्र–पौत्र मोह, कर देता है तुम्हें बेजार
और वह खड़ी रह जाती है, अकेली चौखट के उस पार
बाबा एक बार तो वह दहलीज दिखला दें

माँ वो अंगना में एक बार फिर से बुला ले

अगले जन्म में ही सही, अपने पास फिर से बुला ले।

मेरा मन–रचना के माध्यम से "शब्द" की प्रकृति को उकेरा गया है। प्रस्तुत पंक्तियाँ –

शब्द की गरिमा है बड़ी भारी

शब्द पर ही नाचे ये सारा संसार

शब्द से जागे, निःशब्द हो तो

सो जाए पालनहार।

शब्दों के प्रभाव ने विश्वामित्र, ध्रुव, द्रौपदी, मीरा, सीता तथा राम के जीवन को पूर्णतः प्रभावित करके प्रसिद्धि को प्राप्त किया।

अंत में मैं मांगू अबोध परम विदुषी, विलक्षण लेखन कला की प्रतिभावान सुधा सिकरावर का आभार व्यक्त करता हूं कि मुझे इस योग्य समझा कि मुझे उनके जीवन परिचय को अपने शब्दों में लिखने का सौभाग्य प्राप्त हुआ। मैं पूर्ण दृढ़ विश्वास के साथ पाठकों से अनुरोध करता हूं कि यह काव्य संग्रह मनुष्य जीवन को ऊर्जावान बनाकर जीवन यात्रा को सरल एंव सुबोध बनाने में मददगार साबित होगी।

साभार

माँगीलाल पूसल (मांगू अबोध)

प्राधानाचार्य

देवली पाबूजी, रानी पाली

राजस्थान – 9928161825

मेरा मन - मेरी लेखिनी से

जिन्दगी जब लेने पर आती है तो केवल लेती जाती है सब कुछ, यहाँ तक कि आखों का पानी भी और फिर शुरू होता है पतझड़ के पत्तों पर सफर ओस की बूंदों के साथ और मिलती है एक डगर कुछ हरे पत्तों के साथ, फूल कैसे बनाना है, यही तो जिन्दगी को सोचना है।

सुधा सिकरावर

समर्पण

समर्पित श्री अबोध जी को

अनुक्रमणिका

परिचिता 1
कमल और कीचड़ 9
जीवन एक बूँद 13
क्यों कि वह खुद ब्रह्माण्ड थी 19
मिट्टी 23
जीवन और अनुभव 27
अधजल गगरी 33
ऐसा बहरूपिया कोई भी नही। 35
आज चिड़िया सोई नही 39
शून्य और भाव 45
तन मन सब एक गगरी में 49
मन है घनीभूत 51
सबके अपने अपने खुदा 53
एक था राजा एक थी रानी 55
उसे आज भी वो चौराहा याद है 59
ये पालनहार 65
अपनी अपनी ढपली अपना अपना राग 67
एक बार वह दहलीज दिखला दे 69
फिक्र फकीर को खाए 73
किस पार ? 75
अभिमान 77
कहाँ लिखूं प्रियवर नाम तुम्हारा ? 79
जीवन 81

कुछ तो है शेष जो अभी भी स्पंदन करता है	83
माटी मिले माटी में	85
मन को विषय चाहिए	87
लिख दूं मैं ग्रंथ सारा	93
कृष्ण किसका था?	99
कविता क्या है?	103
गलियां थी टेढ़ी-मेढ़ी	107
चलो कहीं चले	111
ऐ जिन्दगी रूक जा मेरे साथ जरा	113
कुछ खत गज़ाला के नाम	115
चलो कहीं चलते है	117
पत्थर की लकीर	119
उस पार	121
शब्द की महिमा	123
जिन्दगी मिली थी मुझे एक बार	133
दुल्हन चली घूंघट डार	135
तुम्हें समर्पित माँ	141
नदी का रहस्य	145
समय और विहंगिनी	149
क्षणिकाएं	153

परिचिता

वह उसके लिए कुछ अलग सी थी वो
अनजानी थी फिर भी वह परिचित सी थी
बैठ जाता था वह उसके साथ, बिलकुल
उसके पास, किसी भी किनारे पर, पर
वह बैठते ही दोनों के बीच में एक
छोटा सा पत्थर रख देती थी, मन
ही मन मुस्काता था वह इस बात पर
क्योंकि उसके लिए वह कुछ अलग सी थी।

अक्सर उसकी आँखों को देखकर
वह दरिया की गहराई को भूल जाता था
मुस्कराहट देख कर कलियों को याद करता था
खिलखिलाती थी जब वह तब, सात सुरों
की एक अनूठी संगम सी बन जाती थी
वीणा के तार छिड जाते थे, दूर कहीं
मन में उसके कोयल कूक जाती थी

वह उसके लिए कुछ अलग सी थी
अनजानी थी फिर भी वह परिचित सी थी

उसके साथ जब वह उसकी मोटरसाइकिल पर
बैठती थी, दोनों के बीच में अपना बैग रख देती थी
मन ही मन मुस्काता था वह, वह कुछ अलग सी थी
मेघ जैसी गहरी थी, नदिया की लहर जैसी थी वो

पेड़ों की छाया जैसी थी वह, क्योकिं वह उसके
लिए कुछ अलग सी थी, परिचित सी थी वो
जीवन की धार में पानी सी बहती थी वो
मन में उसके जल तरंग सी बजती थी वो
कुछ अलग सी थी, उसके लिए परिचित सी थी वो
बैठते ही किनारे पर वो, बीच में पत्थर रख देती थी

वह उसके लिए कुछ अलग सी थी
अनजानी थी फिर भी परिचित सी थी वो
एक दिन उसको इस पत्थर पर बहुत गुस्सा आया
अकेली , किनारे पर वह बैठी उसको छोड़ आया
माँ के कहने पर घर संसार उसने बसाया
रम गया वह काम में जीवन ने उसे भरमाया

बरसों बीत गए पर वह वो पत्थर न भूल पाया
जब भी नेत्र बंद करता वो पत्थर दिख जाता
जब भी काम करता मस्तिष्क में रहती वो
रगों में खून बन कर हमेशा बहती वो

हृदय में फूल की तरह खिलती थी वो
कहीं पास ही कस्तूरी जैसी महकती थी वो
वह उसके लिए कुछ अलग सी थी
अनजानी थी फिर भी परिचित सी थी वो
पर वह बीच में एक पत्थर रख देती थी

एक दिन बहुत सोचा उसने, निकाल फेकूँ उसको
हृदय से, क्योंकि वह बीच में पत्थर रख देती थी
उसे उस पत्थर पर बहुत गुस्सा आता था, पर
वह कभी भी उसको कुछ कह न पाता था
फिर वह मन ही मन क्यों मुस्काता था
आज उसने भी तो अपना घर संसार बसाया होगा

यही सोच कर चल दिया एक दिन वो
पत्थर को दिल में रख सारे काम छोड़ कर
और जा पहुँचा उसी बरसों पुराने किनारे पर
बरसों बीत गए पता नहीं आज कहाँ होगी वो

कदम रूक गए उसके, अचंभित हुआ वो
उसी किनारे पर वैसे ही बैठी थी वो
आज भी पत्थर उसके पास रखा था,
क्या ये वो, वही थी, कैसे पहचानेगा उसको वो

वह मुड़ी, उसने देखा और धीरे से मुस्काई
आखों में वही सागर जैसी थी गहराई
होठों पे कलियों जैसी मुस्कान थी छाई
हँसी नहीं, पर बिलकुल थी नहीं बदली वो

थोड़ा थमा, फिर बैठ गया उसके करीब जाकर वो
इसको वही कस्तूरी जैसी महक थी आई
आज भी वो फूल जैसी ही थी, बैठी थी वो
अकेली जैसी बरसों पहले उसको छोड़ गया था वो

हैरान हुआ उसने आज वह पत्थर हटा दिया
उसकी हैरानी को देख कर वो फिर धीरे से मुस्काई
बोली वह, वो पत्थर का टुकड़ा नहीं प्रेम था मेरा
पत्थर तो तुम रख कर पता नहीं कहाँ चले गए

तीव्र वेदना उठी उसके हृदय में
वो दूर होकर भी छुअन जैसी क्यों थी
आज जब समझ में आया तो सूरज
ढल रहा था दूर कहीं अपने क्षितिज पर
सचमुच पत्थर तो वो रख कर चला गया था

खामोश बैठा वो उस छुअन को महसूस करता रहा
साथ बैठ उसके वो ढलते सूरज को देखता रहा

अचानक उसकी आखें भीग गयीं क्योंकि
आज बीच में कोई पत्थर नहीं था
आज कोई भी पत्थर तो नही था।

कमल और कीचड़

कमल ने पूछा एक दिन कीचड़ से
क्यों लिपटे रहते हो तुम
हमेशा हर तरफ यूँ मुझसे

कीचड़ ने हँस कर कहा
मुझमे ही तुम्हारा है सौंदर्य
वजूद है नहीं पता तुम्हे ?

मैं अगर न होता तो तुम
यूँ हर जगह महत्वपूर्ण न होते
तुम्हारा सौंदर्य यूँ चर्चित न होता
तुम्हारे गुणों की चर्चा न होती
तुम्हारे निर्लिप्त भाव की यूँ
वंदना, पृथ्वी आकाश में न होती

तुम कीचड़ में रह कर भी ऐसे
सौंदर्य के साथ अछूते हो, ये
उदाहरण तुम कभी भी न बनते
मेरे ही वजूद से तुम चर्चित हो
धरती और आकाश में पूजे
जाते हो, ये मत कभी भूलो तुम

कमल चुप रहा पल भर के लिए
फिर हँस पड़ा बहुत धीरे से
कीचड़ के इस दम्भ को देख कर

पूछा कमल ने बड़ी विनम्रता से
तुम व्याप्त हो हर जगह, सर्वत्र
तो हर जगह कमल क्यों नहीं है?

कमल हर जगह क्यों नहीं है
तुम हो अगर हर जगह
तो हर जगह मैं क्यों नहीं हूँ ?
हर जगह कमल क्यों नहीं है
कीचड़ तो हर तरफ है, तो
हर जगह मैं क्यों नहीं हूँ ?
हर जगह मैं क्यों नहीं हूँ ?
हर जगह मैं क्यों नहीं हूँ ?

जीवन एक बूँद

जीवन बूँद है एक पानी की
कभी बूँद बनते हैं मोती
कभी मोती बन जाते हैं बूँद

जीवन बूँद-बूँद है ये, कहीं
मोती तो कहीं है विष घूँट
जो पी गया है चूपचाप, जीवन
ने दे दी है द्वार पर एक थाप
जीवन बूँद-बूँद है ये, कहीं
मोती तो कहीं है विष घूँट
पिया जिसने मानव बन गया वो
धारण किया जिसने शिव हो गया वो
बाँस में बसा जो विरह के साथ
बन गया **बाँसुरी** कृष्ण के हाथ
विष्णु ने जब पहनी मोती माला
मोहिनी रूप **सँसार** में रचाया
भस्मासुर को उसका ही नाच नचाया
ले सरस्वती को अपने साथ
लिया गायत्री और मेधा को अपने हाथ
ब्रम्हा ने जब फेरी ये मोती की माला
तो समस्त **सँसार** रचा डाला

जीवन है बूँद–बूँद, कहीं है
ये मोती तो कहीं है विष घूँट

शिव के कण्ठ का विष, जब
जब उनके नेत्रों में आया
प्रलय ने ये सँसार है ढाया

राधा के प्रेम विरह अश्रु मोती
आज बने हर कंठ की माला
ये बूँद की ही महिमा थी जो
कृष्ण से पहले नाम राधा का आया

जीवन है बूँद–बूँद, कही है
ये मोती तो कहीं है विष घूँट

बूँद–बूँद से सागर बन जाए
बूँद उछले तो मोती बन जाए
मीरा राधा और शिव बन जाए
सीता के मोती बने जब अश्रु
धरती को खण्ड खण्ड कर डाला
यह मर्म आज तक है न कोई जाना
राम भी थे विवश रोये **एकान्त**
मे जाकर, क्रोधित हुए और
तब शायद कलयुग का निर्माण कर डाला

उर्मिला आज भी रोती है
सीता आज भी प्रश्न पूछती है
क्या था दोष मेरा, क्यों दिया
मुझे अश्रु के साथ विरह का बसेरा

वेदों की रचना पर है प्रश्न चिन्ह मेरा
हर कहीं क्यों है व्यथा का यह डेरा ?
जीवन है बूँद-बूँद, कहीं है
ये मोती तो कहीं है विष घूँट

क्यों कि वह खुद ब्रह्माण्ड थी

बैठी थी वह उस शिला पर चट्टान की तरह
कृष्ण की पुजारी थी बांसुरी उसकी न्यारी थी
बरसों बीत गए इसी तरह बैठे शिला पर
लेग सोचते थे प्रतीक्षा है उसे अपने प्रियतम की

एक दिन कृष्ण द्रवित हुए आये वो सम्मुख
पर उसने अपने दृग न खोले न हिली स्थान पर
कुछ क्षण रूके कृष्ण अचंभित हुए
बांसुरी की धुन फिर उन्होने थी बजाई
शायद इसको प्रेम चाहिए राधा जैसा
फिर भी न हिली वो शिला से न तनिक थी भरमाई

नेत्र खुले थे वह मंद–मंद मुस्काई
गोद में रखी बाँसुरी थी उसने सहलाई
कृष्ण खड़े रहे सम्मुख उसके अविचल
चरण बढ़ा दिए सम्मुख उसके अविरल
शायद मीरा जैसी भक्ति चाहिए विरल

लेकिन फिर भी वो न हिली अपने स्थान पर
बरसों बीत गए कृष्ण यूँ ही खड़े रहे प्रतीक्षारत
फिर उन्होने अपनी चौसठ योगिनी बुलाई
बंसी की धुन पर उनके साथ रास रचाई
नृत्य किया, वादन किया, उसको रिझाया
फिर भी न हिली वो अपने स्थान पर

नेत्र खुले थे वह मंद मंद मुस्काई
गोद में रखी बांसुरी थी उसने सहलाई
थक हार कर बैठे कृष्ण समीप उसके जाकर
कृष्ण देखते रहे वो मुस्करा पड़ी उनको समीप पाकर
कुछ भी नहीं माँगा जब उसने कृष्ण भ्रमित हुए
हार कर रख दिया कृष्ण ने अपना सिर गोद में जाकर

तब वह हिली उसने अपना हाथ रख
दिया कृष्ण के मस्तक पर, बोली
पुत्र कभी तो विश्राम कर लिया करों
कृष्ण फिर अचंभित हुए, सँसार के
स्वामी से वो कुछ नहीं माँग रही थी
बल्कि दे रही थी उन्हें अपना असीम वात्सल्य

कृष्ण उसको माँ बनाना भूल गए थे
पर वो नहीं भूली थी उनको अपना पुत्र बनाना

आज कृष्ण को अपने ब्रह्माण्ड पर खेद हुआ
जगत का स्वामी हूँ ये भाव खंड–खंड हुआ
सब कुछ न कुछ माँगते है मुझसे, पर
पर इसने तो मुझे गोद का आश्रय दे दिया
कृष्ण के अश्रु धार थी परन्तु वह शांत थी
क्योंकि वह स्वयं एक ब्रह्माण्ड थी

मिट्टी

फूल ने कहा पत्ते से
तुम हो जनक मेरे
सृजन हुआ है तुमसे मेरा
पत्ते ने कहा शाख से
तुम हो जनक मेरे
निर्माण किया है तुमने मेरा
कहा शाख ने तने से
तुम हो जनक मेरे
विकास हुआ है तुमसे मेरा
कहा तने ने जड़ से
हो तुम मेरी भाग्य निर्माता
जड़ ने कहा बीज से
तुम हो सबके भाग्य निर्माता
क्हा तब बीज ने सबसे
सबकी जन्म दात्री है ये मिट्टी
इसी से उत्पन्न होना है और
इसी मे समां जाना है
किसी को बह जाना है
मिल कर जल के साथ
तो किसी मिट्टी को
मिट्टी से ही हाथ मिलाना है

वृक्ष खड़ा होकर सुन रहा था चुपचाप
गाथा अपने ही अंत और प्रारम्भ की
पर वह बैठा सुन रहा था उसी वृक्ष के नीचे
देख रहा था अपने ही सूर्य को अस्त होते हुए

जीवन और अनुभव

बड़ा समतल था जीवन
जब नही था कोई अनुभव
हँसीं थी, अनेक ठहाके थे
उड़ाने थी, मुस्कराहटें भी थी
कदम नही रूकते थे कहीं भी

अक्कड़ बक्कड़ बम्बे बोल था
अस्सी नब्बे पूरे सौ था
सौ में लागा ताला
चोर निकलकर भागा था

सुबह थी और शाम थी
दिन थे और रात थी
कलियाँ थी और फूल भी थे
डाँट थी और प्यार की फुंहार थी
जीवन था और जीवन दान था
खेल थे बन्दर के, भालू के तमाशे थे
जीवन में असीम ठहाके थे

बड़ा समतल था जीवन
जब नही था कोई अनुभव

खो खो था, पकड़म पकड़ाई थी
रस्सी कूद के साथ ही हर
एक जीवन में मुस्कान छाई थी
सुर थे न ताल थे
पर जिंदगी मे बड़े खुशहाल थें

बड़ा समतल था जीवन
जब नही था कोई अनुभव

यह कविता अधूरी है
और हमेशा अधूरी ही रहेगी
अनुभव की अब एक बड़ी
विस्तृत सी व्यंग माला है

एक जीवन होता तो मै
व्याख्या कर लेती कई बार
यहां तो अनन्त है जीवन
मैं डूब रही हूं बार बार

अब पहाड़ है, पठार है
जीवन नहीं व्यापर है
अनुभवों का भण्डार हैं
सतरंगी अब बयार हैं
अतरंगी अब संसार है

बड़ा समतल था जीवन
जब नही था कोई अनुभव
अब संवाद नही विवाद है
एकांत नही विषाद है
सुख नही व्यथा है
सीधी सी बात पर भी
व्यंग रूपी केवल हा हा हा है
कहने को विस्तृत माला है
अनुभव ने सभी को छल डाला है

बड़ा समतल था जीवन
जब नही था कोई अनुभव

पैसा है, व्यापार है
जिन्दगी एक पैनी धार हैं
कदम किधर भी बढें
पर हर एक चोर अब
नया बड़ा जागीरदार है

कहती जाऊंगी तो कभी
भी नही रूकेगी मेरी लेखनी
अनुभव है बड़े पर अब
शब्द कम है, कुछ विराम है

बड़ा समतल था जीवन
जब नहीं था कोई अनुभव

अधजल गगरी

अधजल गगरी छलकत जाए
भरी गागर ज्ञान की गंगा बहाए
मन के अधूरे सम्पदा ही दिखाए
तन के अधूरे तन को ही लुटाएं
तन मन के है जो पूरे, केवल वही
आधे अधूरे संसार को मार्ग बताएं

अधजल गगरी जब फूटे माटी में मिल जाए
भरी गागर फिर ज्ञान की गंगा छलकाएं
मन के अधूरे जब फूटे तब कीचड़ बन जाए
तन के अधूरे उस कीचड़ में लिपट जाएं
तन मन के पूरे देख, यह भेद मुस्काएं

आज भी कबीरा इस संसार में खड़ा रोया जाए
कह रहा अभी भी अपनी गगरी संभाल ले मनवा
सुधा कह, कबीरा आज भी वही हाट है, काहे समझाएं
तन बदले है, मन न बदले कबीरा
परिधान बदल गये है, नहीं बदले है व्यवहार
काहे रोए तू कबीरा, नहीं बदलेगा यह संसार

ऐसा बहरूपिया कोई भी नही।

ऐसा बहरूपिया कोई भी नही
मन से बड़ा छलिया और कोई नही

यह मन बड़ा छलता है
जब देखो तब पिघलता है
इसके जैसा नाच नचाए कोई नहीं
इसके जैसा राग गाए कोई नहीं

ऐसा बहरूपिया कोई भी नही
मन से बड़ा छलिया और कोई नही

जब देखो तब यह याद दिलाता है
आखों में अनेक आंसूं दे जाता है
बहुत कोशिश की उसने हर बार
फिर भी वह कभी रोयी नही

ऐसा बहरूपिया कोई भी नही
मन से बड़ा छलिया और कोई नही

सांसें थम जाती है आहट पाकर
कदम रूक जाते हे सांसो पर आकर
फिर भी वह कहीं रमता ही नहीं
किसी भी भाव में वह समता नहीं।

ऐसा बहरूपिया कोई भी नही
मन से बड़ा छलिया और कोई नही

आज चिड़िया सोई नही

आज चिड़िया सोई नही
आज चिड़िया रोई भी नही
उसके बच्चे थे केवल चार
उसकी एक बच्ची थी नाराज

तीन बच्चे घोसलें में बैठें थे
चीं चीं करके उसको बुला रहे थे
बारिश थी वह आवाज लगा रहे थे
वह भीगती रही उसी डाल पर बैठी

बैठी रही वह उसी डाल पर वह बूंदो में
पर आज वह चिडिया सोई नही

डाल पर बैठी वह राह देख रही थी
फड़फड़ायी और घूमी चारों ओर
यह रात भी बीत गयी बारिश में
पर चिड़िया सोई नही, चिड़िया रोई भी नही

पेड़ के पत्ते पत्ते, डाली डाली से
उसने पूछा क्या तुमने उसे देखा है
पत्तो ने ना में सिर हिलाया
डाली ने भी सिर झुकाया

आज भी चिड़िया सोइ नही
वह फिर भी रोई नही
रात बीती, भोर हुई सूरज आया
उसने सूरज से भी पूछा, क्या
तुमने उसे देखा है कहीं? फिर
सूनी डगर को देखती रही वह

वह वहीं बैठी रही, आज उड़ी नहीं
बहुत दिन बीत गए, चिडिया रोई नही

पल बीते, बीत गए दिन रात
बरसो बरस बीत गए यूं ही
सावन आए अनेक, खाली गए रीत
पर चिड़िया फिर भी सोई नही

बहुत दिन बीत गए, फिर भी चिड़िया रोई नही

एक दिन सूखे पत्ते से
उसने डाल से उतर कर पूछा
भाग्य कहाँ बिकता है, उस
हाट का पता मुझे बतला दो
मेरी बच्ची नाराज है, खुद बिक जाऊ
भाग्य खरीद लूं और उसको हँसा दूं

बहुत दिन बीत गए, चिड़िया आज भी रोई नही

पत्ता खामोशा था, मृत था वह
तभी फड़ फड़ की आवाज आयी
चिड़िया की बेटी आज वापस आयी
चिड़िया देखती रही उसे अपलक
अचानक वह डाल से गिरी, उसकी
आंखें खुली थी पर वह रोई नही

क्योंकि वह माँ ं थी, कभी सोई नही
सूरज भी सोया, चांद भी सोया, तारें भी सोए
सावन भी बरसा, मेघ भी गरजे
पर चिड़िया फिर कभी भी रोई नहीं

आज भी उसकी आंखें खुली थी
पर वह आज भी सोई नही
बेटी ने हाथ बढाया, पलक बंद की दी
चिड़िया सो गयी पर वह रोई नही

अब वह कभी भी रोएगी नही
उसकी बेटी आज उसी डाल पर
ठीक वैसे ही बैठी है, जैसे उसकी
माँ बैठा करती थी, वो चिड़िया बैठा करती थी

आज वो भी एक माँ है
हर राहगीर से वह भी पूछती है
भाग्य किस हाट में बिकता है
मुझको बतला दो, मैं खरीद लूंगी

यह चिड़िया भी माँ की तरह सोई नही
पर यह चिड़िया माँ को याद करके आज बहुत रोई
आज यह चिड़िया बहुत रोई, आज यह चिड़िया भी सोई नहीं

शून्य और भाव

भाव है समर्पण जहाँ
शब्द निःशब्द है वहाँ
शून्य क्या करेगा जीवन
पथ है एक आलोकित जहाँ

शून्य में कुछ भी नही
बिना शून्य के भी कुछ नही
शून्य में जीवन कहाँ , और
शून्य बिना गिनती भी नही

शून्य की डगर को खोजते है हम
भाव की डगर को छोड़कर
मान सम्मान को भूलकर क्यों
ढूँढ़ते है हम वहाँ जहाँ कुछ भी नही

भावनाओं के सागर में?
वह भी तो बह गया है
एक बार नही अनेक बार
वह इस धरा पर उतर गया हैं

फिर शून्य की खोज क्यों
भाव नही तो शून्य है हम
शून्य में कहीं भी कुछ नही
पर बिना शून्य के हम भी नही

बह्माण्ड भी एक शून्य ही तो है
यही शून्य है हमारा निवास
फिर यह शून्य की खोज क्यों
बिना शून्य के हम कही नहीं

भाव है समर्पण का जहाँ
शब्द निःशब्द है हमेशा वहाँ
फिर यह शून्य की खोज क्यों
बिना शून्य के हम भी कहीं नही

तन मन सब एक गगरी में

क्यों निःस्तब्ध खड़े होकर देख रहे हो तुम
आत्मा के इस असीमित विषाद मंथन को

तन मन धन सब है, एक गगरी में तो
आत्मा क्यों घूम रही इस नगरी में
प्रश्न भी हैं, प्रश्नचिन्ह भी दशम दिशाओं से
द्वारपाल से पूछ रहीं, कैसे द्वारपाल हो तुम?

क्यों निःस्तब्ध खडे होकर देख रहे हो तुम
आत्मा के इस असीमित विषाद मंथन को

पत्ते पत्ते पर उसका नाम, कण कण में है उसका धाम
फिर क्यों भटक रही इस उस नगरी में
असीमित होकर वह क्यों सीमित हो गयी
क्यों नाच रही वह द्वार द्वार हर गगरी में

क्यों निःस्तब्ध खड़े होकर देख रहे हो तुम
आत्मा के इस असीमित विषाद मंथन को
तन मन धन सब है, एक गगरी में तो
आत्मा क्यों घूम रही इस नगरी में

मन है घनीभूत

मन है आज अर्द्ध चन्द्र सा घनीभूत
जैसे सावन के घन घनघोर घनेरे
कुछ है श्यामल तो कुछ उजेरे से
न जाएं और न ही बरस रहे ये

आच्छादित हो गया आज आकाश भी
घनीभूत हो गए सभी कंद मन के
मन है आज मेरा आद्र क्यो रे?
हृदय में उग रहा है एक स्तम्भ सा
जैसे कोई पूछ रहा है एक प्रश्न सा
जैसे सावन के यह घन घनेरे

सबके अपने अपने खुदा

सबके अपने अपने खुदा
सबके अपने अपने हैं भगवान
ईसाई बोले बाइबल मेरी महान
सिख बोले है हमेशा गुरू बानी का मान

कोई कहे अल्हा, कोई कहे मेरे राम
ऊपर बैठा देख रहा वह अजब तमाशा
गम्भीर मुद्रा में धूनी लपेटे खोज रहा अपना मान
सोच रहा क्यों बनाया मैने यह इन्सान

जन्तु पक्षी तो करते अपना अपना काम
न उनका कोई अल्हा न कोई है राम
कोई क्यों मुझे अल्हा पुकारे कोई क्यों राम
मैं तो एक ही हूँ, जिसमें गूँजे सारा बह्माण्ड

ना मैं अल्हा किसी का, न किसी का राम
मैं तो सब में रमता उनकी भावना का नाम
मैं विश्वास हूँ निश्छल का, जो करे मेरा मान
ना मैं अल्हा किसी का, न किसी का राम
मैं तो बहता पानी भक्ति का भावना है मेरा नाम

सबके अपने अपने खुदा, सबके अपने अपने हैं भगवान

एक था राजा एक थी रानी

एक था राजा एक थी रानी
दोनों मर गये खतम हुई कहानी
माँ दादी के मुंह से सोते समय
हर रोज सुनती थी मैं यह कहानी

तब बड़ा ही अच्छा लगता था
कैसा होगा राजा और कैसी होगी रानी
दिन भर खेलते कूदते यहीं सोचा करती थी कि
कहाँ होगें वो इस समय कल्पना करती थी

कैसा होगा उनका महल
अजीब सी कल्पना थी मन में
बचपन में यह "था" बड़ा अच्छा था
तब उसमें मेरा संसार बसा था

आज यह "था" बहुत डराता है
संसार का सार इसी था में
निहित है बहुत अच्छी तरह
यह मुझे बतलाता है, मैं मात्र एक
"था" नही हूँ   जगत हूँ सँसार हूँ

आवागमन हूँ जीवन चक्र का
सार हूँ समस्त इच्छाओं का

ऋषियों, मुनियों का बह्माण्ड हूँ
गृहस्थ का असीमित पारावार हूँ

मै भविष्य हूँ किसी के वर्तमान का
मैं ही आधार हूँ इस अगाध संसार का
एक दिन यह "है", "था" में बदल जाना है
फिर भी जीवन कर्तव्य तो निभाना है।

बहुत कुछ है यह तेरा मेरा कहने को
लेकिन यह सब कुछ "था" ही हो जाना है

मुझे इस "था" से बहुत डर लगता है
क्या तुम्हे नही लगता है?
सोचती हूँ अम्मा थी, बाबू जी थे
बाबा भी थे, दादी भी थी

एक राजा था एक रानी थी
दादी और अम्मा से सुनी यह कहानी थी
सोच रही हूँ यह "था" अगर न होता
तो आज सभी का संसार कैसा होता?

सच कहूँ तो यह "था" मुझे बहुत डराता है।

उसे आज भी वो चौराहा याद है

उसे आज भी वा चौराहा याद है
जहाँ से उसके बाबा साइकिल
से पोस्ट ऑफिस जाते थे, बाबा
ठीक 9 बजे घर से निकलते थे
छोटी को साइकिल के आगे
लगी टोकरी में बड़े ही प्यार से
बिठाते थे, क्योकि वह गोरी थी
उसके बाल घुंघराले थे, वह प्यारी थी

वह उस चौराहे को कभी भी नही भूलेगी
उसे आज भी वह चौराहा याद है
बाबा उसको अपने साथ कहीं भी
नहीं ले जाते, क्योंकि वह काली थी

केवल चार बरस की थी वह
एक बड़ी ही भोली सी गुड़िया थी
लेकिन उसको नही पता था कि वह काली थी
क्योकि वह अनजान थी
काकी उसको बतलाती थी, कि
तेरे बाबा उस चौराहे से गुजरेगें
वो चल देती थी उस चौराहे की ओर

बाबा अपनी साइकिल से आते थे
उसको चौराहे पर खडा देखकर
वह बहुत ही झुँझलाते थे, क्योकि

वह काली थी, लेकिन उनकी बेटी थी

छोटी आगे टोकरी में बैठी थी
क्योकि वह गोरी और सुन्दर थी
वह काली थी लेकिन उनकी बेटी तो थी
आज भी उसे याद है, वो उसका
हाथ घसीटकर उसे साइकिल पर
बिठाते थे, वो किसी को नही
बताते थे, कि वह उनकी बेटी थी
क्योकि वह काली थी, छोटी बहुत गोरी थी

केवल वही उनकी बेटी थी
क्योकि वह बहुत गोरी थी, सुन्दर थी
लेकिन वह भी तो उनकी बेटी थी
उसे नही पता था कि वह काली थी

उसे आज भी वह चौराहा याद है
जहाँ से उसके बाबा की साइकिल
गुजरती थी, कैसे भूलेगी वह उस
चौराहे को, क्योकि वह काली थी

उसे आज भी वह चौराहा याद है
वह उसके बाबा का चौराहा था

फिर अनेक चौराहे आये पर
वो उस चौराहे को कभी नही भूली
वो चौराहा उसके बाबा ने दिया था
क्योकि वो काली थी, छोटी गोरी थी

क्यों बनाया उसके बाबा ने वह
चौराहा, वो तो उनकी बेटी थी
क्योकि वह काली थी, छोटी गोरी थी

दिन गुजरें, वर्ष बीत गए बहुत
चौराहे आए अनेक, पर आज भी
वो बाबा के उसी चौराहे पर खड़ी है
क्योकि वह काली थी लेकिन उनकी बेटी थी

उसे आज भी वह चौराहा याद है
बाबा का साइकिल से गुजरना और
फिर उसे देख कर **झुँझलाना**, नही भूली है वह

ये पालनहार

कहें बुद्धिजीवी स्वयं को
करें शब्दों की अति बौछार
मान अपमान न जाने ये
करें हमेशा विचित्र व्यवहार

लक्ष्मी को धरें जेब में
कह कर रोए हम खाली हाथ
ग्रीवा ऊंची और नजर तिरछी
से देखें और फिर कहें हम
ही हैं जगत के पालनहार

अपनी अपनी ढपली अपना अपना राग

अपनी-अपनी ढपली अपना-अपना राग
कटाक्ष करें दूसरो पर और कहें उसे वैराग

भेजें सन्देश प्रभु के नाम पर, और कसे तंज
ताल मत भंग कीजौ वरना कहां जाएगें यह दंश

सोच रहे सन्देश भेजा न समझ पाये वो अंश
किस भ्रम में हो तुम वाचाल, उसने देखा है वंश

तुम दो कदमों पर व्यतीत कर रहे हो अपना जीवन ताल
उसने तो एक कदम पर अकेले ही नापा है, यह धरती, आकाश और पाताल

उसके मौन को देखकर शान्त हो गयी तुम्हारी मन की ज्वाला
पर वह तो फैर रहा है, मन में अनुभव की विस्तृत माला

एक बार वह दहलीज दिखला दे

बाबा एक बार वह दहलीज दिखला दे
माँ वो अँगना में एक बार फिर से बुला ले

अगले जन्म में सही फिर से अपने पास बुला ले
तेरा वो रस्सी से बाँधना सह लेगी अब बार बार
नहीं करेगी अब वह शिकायत रो लेगी एक कोने में चुपचाप

क्योकि तू लगा लेगी उसे गले से बार बार

बाबा एक बार वो दहलीज फिर से दिखला दे
माँ वो अँगना में एक बार फिर से बुला ले
कहाँ चला जाता है बाबा तेरा वो लाड दुलार
जब कोई बेटी बड़े आस से खड़ी होती है आकर तेरे द्वार

पुत्र मोह से क्यों हो जाते हो इतने ग्रसित
कि कर देते हो तुम अपनी पुत्री को ही त्रसित
नहीं आती है वह कोई भी जागीर लेने तेरे द्वार
वह तो चौखट पर खड़ी होती है पाने को तुम्हार प्यार

फिर भी

अगले जन्म में ही सही फिर से बुला ले अपने पास
माँ के जाते ही तुम क्यों छोड़ देते हो लाड दुलार

नहीं आती है वो कोई जागीर लेने तेरे द्वार
बड़ी—बड़ी जागीरें छोड़कर आती है वो तेरे द्वार

लेकिन हर बार पुत्र—पौत्र मोह कर देता है तुम्हे बेजार
और वो खड़ी रह जाती है अकेली चौखट के उस पार

बाबा एक बार वो दहलीज दिखला दे
माँ वो अँगना में एक बार फिर से बुला ले

अगले जन्म में ही सही फिर से अपने पास बुला ले

फिक्र फकीर को खाए

फिक्र बुरी, फाका भला, फिक्र फकीर को
खाए
जो धँस गया फिक्र में नाम उसी का अवसाद
कहलाए
खुली आंखों से जो चिन्तन कर ले जीवन,
तर जाए
न फिर कोई केवट, न फिर कोई नैय्या खुद जीवन
पार हो जाए

किस पार ?

न उस पार तू न उस पार मैं
कभी किसी का कोई पार नही है
तट किसी को भी नही मिलता है
अन्त एक दिन सभी का हो जाना है
तू सोचता है करीब पहुंच गया है तू
उसके क्यों भ्रम में है तू किसको यह
तराने क्यों सुना रहा है, एक दिन
उस पार तुझे ही नही, सबको जाना है

उस पार खोजने में तो
ऋषि, मुनि भरमाए है
लगा दिया उन्होने अखण्ड
अपना जीवन सारा, फिर भी
न पाया जीवन का कोई किनारा

तुझे भी अभी बहुत चलना है
फिर तू क्यों यह गीत गा रहा हैं?

ऋषि मुनियों के तप व्यर्थ हो गए है
शरीर धरा में विलीन हुए जो
अवशेष थे गँगा में बह गये
पूण्य पाप सब यही रह गये
एक दिन उस पार तुझे ही

नही, सबको जाना है, फिर
तू यह गीत किसको सुना रहा है।

अभिमान

माटी मिले माटी में फिर
न रहें कोई मान सम्मान
फिर भी शीश उठाए मनवा
कर रहा तू किस पर अभिमान

जल कर तन खाक हो जाए
फिर वो शीतल जल में समाए
देख रहा नित तू सब कुछ, फिर
भी तू अपने मन की ज्वाला में
क्यों यूं झुलसा जाए
कर ले तू एक बार अपनी पहचान

मनवा शीश उठाए तू क्यों करें अभिमान ?

कहाँ लिखूं प्रियवर नाम तुम्हारा ?

कहाँ लिखूं प्रियवर नाम तुम्हारा?
तुम्ही बतला दो
कहाँ लिखूं प्रियवर नाम तुम्हारा!
तुम तो छोड़ गये थे खाली पन्ना
परन्तु सँसार ने लिख दिया हाल तुम्हारा

कहाँ लिखूं प्रियवर नाम तुम्हारा?

उस खाली पन्ने पर बहुत कोशिश की
कि मैं लिख दूं किसी का नाम दोबारा
पर सँसार ने तो मुझसे सदा पूछा हाल तुम्हारा
जब भी मैनें कोशिश की लिखने का नाम तुम्हारा दोबारा
आ गया उस कागज पर दंश तुम्हारा
जगत ने मुझसे मेरा हाल न पूछा
पूछते रहे सदा मुझसे नाम तुम्हारा

बहुत कोशिश की फिर मैनें पन्ना बदल दिया
अब लिख रही हूँ किसी का नाम दोबारा

पन्ना अभी भी कोरा है, पर दिल
तो अनेकों दंश से भरा है
अपमान की एक परिभाषा होती तो
मैं एक ही शब्द में मन उड़ेल देती सारा
कहाँ लिखूं प्रियवर नाम तुम्हारा?

जीवन

जीवन में अनेक धार है
कही मन्द है तो कहीं तीव्र झंकार हैं
पता नही कहाँ कहाँ मझधार है
कहीं इस पार तो कही उस पार है
जो थाम ले उसका बेड़ा पार है।
कहीं मझधार तो कंही अपार हैं

तीव्र वेग है तो   मन्द पवन है कहीं
सुनहरी धूप का प्रकाश है कहीं
तरुवर की ठण्डी छाया है कही
तो जल का कही असीमित सँसार है
मरूस्थल है कही तो ठण्डा पठार है
स्मित हास्य है कहीं तो कहीं जीवन
केवल एक व्यापार है, दुराचार है
कहीं अपनों का सूनापन है तो
कही किसी अपरिचित की छुअन है

जीवन के अनेक वार है
कहीं यह प्यार की धार है
कहीं यह तीव्र भेदन बौछार है
कहीं यह हार है कहीं यह स्वीकार है

यह तो बस एक जीवन धार है।

कुछ तो हैं शेष जो अभी
भी स्पंदन करता हैं

जीवन आज भिक्षुक बन
खड़ा हैं मेरे द्वार
उसे लौट जाने को
मन कहता हैं
फिर भी ये मुझे
आँसुओं से क्यों
रोकता हैं

कुछ तो शेष हैं
जो अभी भी
स्पंदन करता हैं ॥

कुछ तो है शेष जो अभी भी स्पंदन करता है

कुछ तो है शेष जो अभी भी स्पंदन करता है
जीवन आज भिक्षुक बन खड़ा है मेरे द्वार
उसे लौट जाने को मेरा मन कहता है
फिर भी यह आसुँओ से मुझे क्यों रोकता है

कुछ तो है शेष जो अभी भी स्पंदन करता है

पीड़ित होता है, भ्रमित होता है, चकित होता है
सोचता है अब हर कदम रखूँगा संभाल कर
फिर भी यह मन तरंगों के जाल में फसता है

कुछ तो है शेष जो अभी भी स्पंदन करता है

तिरस्कार आज मेरे समुख मेरे ही पास आया
अपने हाथों से ग्रहण कर क्यों मैनें माथे से लगाया
यह मन है जो अपनों के तिरस्कार को भी तरसता है

कुछ तो है शेष जो अभी भी स्पंदन करता है

जीवन के प्रांगण में बड़ा नचाता है यह मन
बंद कर लेती हूं मै मन के सारे द्वार
पर चौखट के उस पार यह मन जाने क्यों भटकता है

कुछ तो है शेष जो अभी भी स्पंदन करता है
कुछ तो है शेष जो अभी भी स्पंदन करता है
कुछ तो है शेष जो अभी भी स्पंदन करता है

माटी मिले माटी में

माटी मिले माटी में फिर
न रहे कोई मान सम्मान
फिर भी शीश उठाए मनवा
कर रहा तू किस पर अभिमान

जल कर तन खाक हो जाए
फिर वह शीतल जल में समाए
देख रहा नित तू सब कुछ फिर
भी तू अपनी मन की ज्वाला में
क्यों यूं झुलसा जाए
कर ले अपनी तू एक बार पहचान

मनवा शीश उठाए तू क्यों करे अभिमान

मन को विषय चाहिए

मन को विषय चाहिए
विषय पर ही मन संचित
विषय नहीं तो मन वंचित
जीवन की धार में इसको
केवल बहना ही आता है
उथल–पुथल कर जाते है
वंचित मन को भी भाव
जीवन की धार में इसको
केवल बहना ही आता है

विषय पर ही मन संचित
विषय नहीं तो मन वंचित

थम जाता अगर कहीं यह
क्षण भर के लिए भी
तो यह सर्वव्याप्त हो जाता
तब यह गौतम बुद्ध न बन जाता

जीवन की धार में इसको
केवल बहना ही आता है
तपस्या में भी केवल यह
प्राण ही तो माँगता है

थम जाता अगर साँसों पर
तो यह शिव न बन जाता

जीवन की धार में इसको
केवल बहना ही आता है

स्वयं पर अगर यह केंद्रित हो जाता
तो केन्द्र बिंदु सर्वस्व न बन जाता
वंचित को ही अगर यह संचित कर लेता
तो यह विवेकानन्द न कहलाता

मन को तो विषय चाहिए
विषय पर ही मन संचित
विषय नही तो मन वंचित
जीवन की धार में इसको
केवल बहना ही आता है

धीर गम्भीर हो जाते अगर लोग
मात्र एक कल्पना में बह जाते लोग
वंचित को अगर संचित कर लेते
तो इसी शून्य में स्थापित हो जाते
ध्यान में शून्य की आवश्यकता न रहती
शून्य की पराकाष्ठा को समझ जाते लोग

जीवन की धार में केवल इसको
केवल बहना ही आता है

शून्य को खोजते–खोजते
काली के मोह पाश में बँध
गये थे रामकृष्ण परम हंस
इस मोह को छोड़ा तब वह
कहीं जाकर वंचित हुए
ओम से साक्षात्कार हुआ
उन सातों रंग से संचित हुए

मन को तो विषय चाहिए
विषय पर ही मन संचित
विषय नही तो मन वंचित
जीवन की धार में इसको
केवल बहना ही आता है
थम जाता तो यह भी गौतम
शिव और परमहंस न बन जाता

मन को तो विषय चाहिए
विषय पर ही मन संचित
विषय नही तो मन वंचित

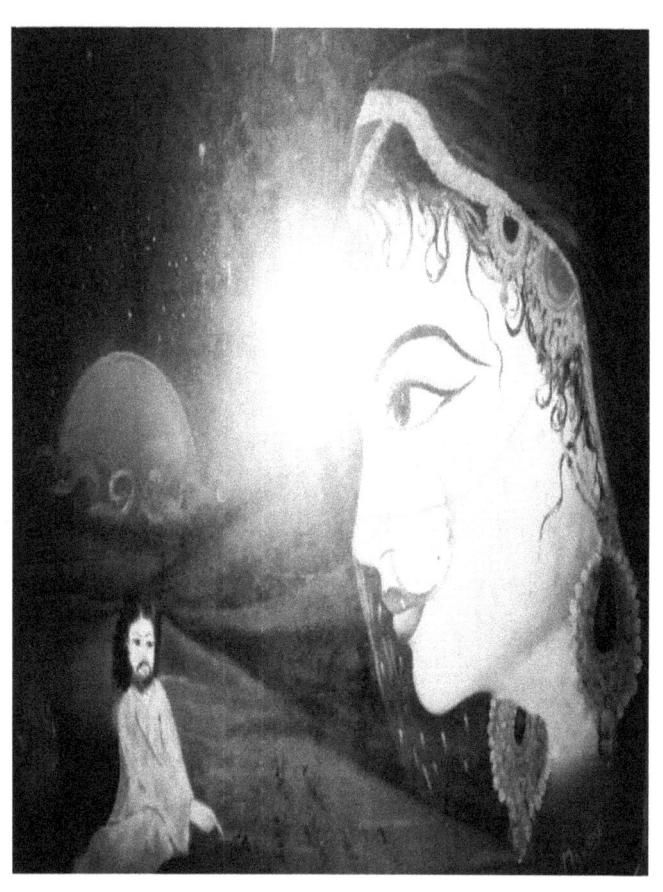

लिख दूँ मैं ग्रंथ सारा

लिख दूं मैं ग्रंथ सारा
थाम कर हाथ तुम्हारा
क्षण भर में जीवन जी जांऊ
यह जीवन में ही क्षण हो जांऊ
तुम ही बतला दो कोई किनारा

ज्ञानी बन कर तुम्हारे गुण गांऊ
या अज्ञानी बन कर तुम्हे पांऊ
समर्पित कर दूं मैं स्वयं को या
समाहित कर लूं तुमको खुद में
तुम्ह ही बतलादो कोई सहारा

तुम ही बतलादो कोई किनारा

श्रद्धा थी मन में तभी तो
मैं आयी थी तुम्हारे इस जगत में
हाथ थामा तब जब तुमने
भूल गयी थी मैं जग सारा
तोड़ दिया था मैनें **बन्धन** सारा

तुम ही बतला दो कोई किनारा

इन नैनों में आज भी
बहती है अविरल अश्रु धारा
फूलों में, पत्तियों में, नदी की
लहरों में, मैं हर पल देखती
रहती हूं केवल चेहरा तुम्हारा

तुम ही बतला दो कोई किनारा

पहली बार जब देखा मैंने
तुमको, मेरे नयन झुके थे
पर तुम धवल वस्त्र पहन
सम्मुख मेरे ही खड़े थे
पग भर थी केवल दूरी
फिर भी मैं उसको नाप न पायी
मैनें देखी थी तुम्हारी केवल
भीनी-झीनी सी एक परछाई
लेकिन मैने अपनी पलक थी न उठाई
तब तुम ही बतला देते कोई किनारा

अंतिम विदा ले रही थी जब
मैं तुमसे यूं ही अचानक
तुम हाथ जोड़कर खड़े थे
मेरी बह रही थी अश्रु धारा
तुम्हारे भीगे नयन मैं देख न पाई

तुम भी रोए होगे उस पार
क्यों नही थामी बढ़कर तुमने मेरी कलाई
तब तुम्ही बढ़कर दे देते सहारा
अब तुम ही बतला दो कोई किनारा

आज भी तुम्हारी वह तस्वीर बनी
है मेरे जीवन की एक परछाई
तुम थे शायद अपने अहम् में
मैं थी लाज लोक में समायी
क्यों नही थामी बढ़कर तुमने मेरी कलाई
अब तुम ही बतला दो कोई किनारा

लिख देती मैं भी ग्रंथ सारा
थाम कर हाथ केवल तुम्हारा
अब टूट गये है सारे किनारे
समुद्र हो गयी है अश्रु धारा
अब तुम्ही बतला दो कोई किनारा

कृष्ण किसका था?

प्रेम राधा ने किया
कृष्ण के कांधे पर
अपना सिर रख दिया
और मुरली की धुन
में समा दिया अपना मन

कृष्ण किसका था?

भक्ति मीरा ने की
और कृष्ण को अपने
दिल में ही रख लिया
पर दर–दर भटकी वह
तानपूरा हाथ में पकड़कर
नाची वह इस सँसार के
आँगन में घर बार छोड़कर

कृष्ण किसका था?

देवकी ने जन्म दिया कृष्ण को
यशोदा ने जीवन दिया उनको
अपने ममता के आँचल में बाँध कर
भूल गयी वह वात्सल्य में सबको

लेकिन कृष्ण तो चला सबको
खाली हाथ, छोड़कर दे गया
किसी को विरह के आंसू
और किसी को प्रेम संगीत
थाम ली रास जाकर उसने
और बैठ गया अर्जुन के रथ पर

कृष्ण किसका था?
कृष्ण केवल सँसार का था
वह इस जगत का सार था

कविता क्या है?

कविता क्या है?
मन का गीत
या जीवन का संगीत

धारा नदियां की या
तरूवर के हरे वस्त्र
पहाड़ो की धवल छाया
या तन का विरह गीत

कविता क्या है?
मन का गीत
या जीवन का संगीत?

धुन अनेक राहों की
या एक ही राह का
एक अनोखा सा कोई गीत

कविता क्या है?

विरह उस प्रियतम का
या संवेदना स्वयं के मन की
क्या व्यथा यह जीवन की
मुरली के स्वरों का संगीत
राधा नाची तो बना प्रणय गीत
मीरा भटकी तो भक्ति संगीत

कविता क्या है?
मन का गीत
या मन का संगीत

गलियाँ थी टेढ़ी-मेढ़ी

गलियाँ थी टेढ़ी–मेढ़ी
कुछ छोटी सी कुछ लम्बी सी
कहीं उजली सी तो कहीं अंधेरी सी
साथ में चंदा था, दिल में स्वप्न थे

बहार थी अरमान थे पर
बहुत सारे इम्तिहान थे
बाबा का वो प्यार था
अम्मा का वो दुलार था

अँगना था दादी का
लेकिन कोने का वह
पालना मेरा था, पर
वो **अँगना** भी मेरा था

नीम के ठण्डे झोकों में
अमुआ की भी पुकार थी
केले की बयार थी
पीपल की वो छाँव थी

हर पगडण्डी में बचपन की एक
पुकार थी, मनुहार थी, गुहार थी

अम्मा के माथे के बल से
खुद को छिपाना था फिर
रात को उनके ही आँचल में
सिर छिपाकर सो जाना था फिर

फिर एक चौड़ी सी सड़क आयी
जिन्दगी ने एक कहानी सुनायी
मन थे सबके उथले लेकिन
वहां थी अब एक गहरी सी खाई

गलियाँ थी टेढ़ी—मेढ़ी सी
कुछ छोटी सी कुछ लम्बी सी
कहीं उजली सी तो कही अंधेरी सी

चलो कही चले

चलो कहीं चले किसी
का मन लेकर उधार
इन उपवन पहाड़ो और
नदियों के कहीं उस पार

शायद मिल जाए जीवन की झनकार
नये राही होंगें, नये रास्ते और नयी बयार
हो सकता है कोई कर रहा हो इन्तजार

चलो कहीं चले किसी
का मन लेकर उधार

मालूम है मन वहाँ ˙ भी भटकेगा बार–बार
फिर भी पग बढ़ाकर अनन्त को देख ले एक बार

चलों कहीं चले किसी
का मन लेकर उधार

ऐ जिन्दगी रूक जा मेरे साथ जरा

ऐ जिन्दगी रूक जा मेरे साथ जरा
पूछ लूँ उससे एक बार पता तेरा

शाम ढल गयी पर न जाने क्यों
यह धूप ठहर सी गयी और
छाँव न जाने कब की सो गयी

ऐ जिन्दगी रूक जा मेरे साथ जरा
पूछ लूँ उससे एक बार पता तेरा

हवा बहने लगी, लहरें चलने लगी
यह पत्ते मुझसे कुछ कह सा गये
यह पर्वत पता नही क्यों झुक गये

ऐ जिन्दगी रूक जा मेरे साथ जरा
पूछ लूँ उससे एक बार पता तेरा

कुछ खत गज़ाला के नाम

कुछ खत गजाला के है मेरे पास
उसी ने कहा था मुझसे एक दिन
पानी की तरह बहता है यह जीवन
फिर भी नहीं भीगता है यह अंतर्मन

कुछ खत गजाला के है मेरे पास
उसी ने कहा था मुझसे एक दिन
हवा की तरह बहता है जीवन
फिर भी नही ठहरता है यह मन

कुछ खत गजाला के है मेरे पास
उसी ने कहा था मुझसे एक दिन
संमदर की तरह लहराता है जीवन
फिर भी नहीं गहराता है यह अंतर्मन

कुछ खत गजाला के है मेरे पास
उसी ने कहा था मुझसे एक दिन
पर्वतों जैसा कठोर होता है जीवन
मालूम है, फिर भी क्यों रोता है यह मन

कुछ खत गजाला के है मेरे पास
उसी ने कहा था मुझसे एक दिन

चलो कही चलते है

चलो यार कहीं चलते हैं
कुछ नही तो यूँ ही टहलते हैं
किसी और से नहीं खुद से बात करते हैं
चलो मन के खयालों में ढलते हैं
खाली हाथ ही उस दरिया में उतरते हैं
जहाँ पाकर भी सब खो जाए
चलो फिर वहीं से शुरू करते हैं
एक बार फिर वही गीत गुनगुनाते हैं

चलो यार कहीं चलते हैं
कुछ नही तो यूं ही टहलते हैं

पत्थर की लकीर

बहुत कोशिश की लेकिन नहीं मिटी
क्योंकि मैने पत्थर पर लकीर खींची थी
तुम भी कोशिश कर के देखो एक बार
वो लकीर मिटाकर थोड़ी सी दिखा दो
मेरा नहीं अपना अस्तित्व ही बतला दो
अँधेरे में भी वह लकीर चमकती है
बारिश में धुल कर और निखरती है
धूप से भी वह आँखें मिलाती है
सागर के सामने वह और भी गहरी हो जाती है
तुम एक लकीर मिट्टी पर ही बनाकर दिखा दो

बहुत कोशिश की लेकिन नहीं मिटी
क्योंकि मैने पत्थर पर लकीर खींची थी

उस पार

शब्द थे तुम कभी अब निःशब्द हो गए हो
किसके अंतःकरण में तुम खो गए हो
पदचाप धूमिल हो गयी है तारों की छाँव में
तुम अपना आँचल फैलाकर खड़े हो क्यों
इन वीथियों के इस अनजान, बेजान गाँव में
किसकी प्रतीक्षा है तुम्हे इस पार से
कोई नहीं है यहाँ, एक दृष्टि तो डालो धार में

शब्द थे तुम कभी, अब निःशब्द हो गए हो
किसके अंतःकरण में तुम खो गए हो

नाच रहा है अब अंतर्मन क्यों तुम्हारा
जबकि तुम स्वयं खड़े हो किनारे की छाँव में
मनमीत चला गया, तन गीत चला गया
अब तो पग बढ़ा लो, सूरज के साथ आकाश में
क्या खोज रहे हो तुम, अभी भी क्या सोच रहे हो तुम
तुम अकेले नहीं हो इस पथ में राही
सबको आना और जाना है उस पार

शब्द थे तुम कभी, अब निःशब्द हो गए हो
किसके अंतःकरण में तुम खो गए हो

शब्द

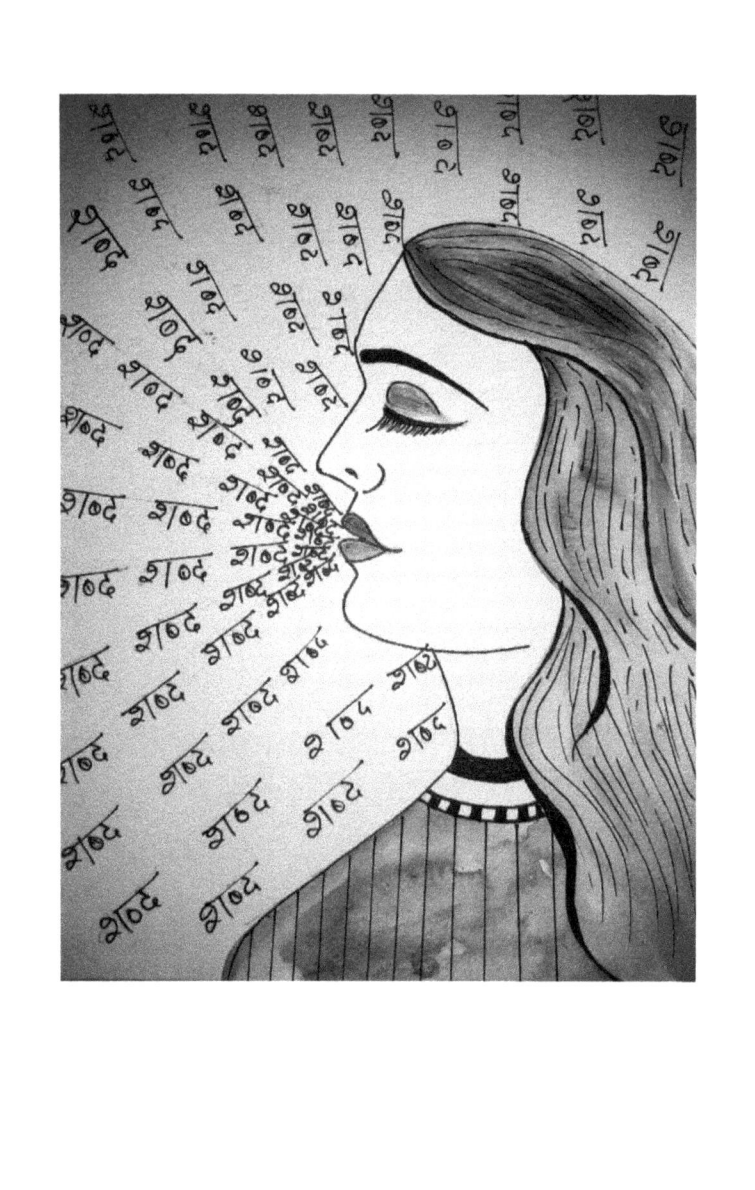

शब्द की महिमा

शब्द अगर खुश कर दे
तो सब अर्थ वरना व्यर्थ

शब्द ही है आगम शब्द निगम
शब्द है भाव तो शब्द प्रभाव
शब्द है कल्पना शब्द है यथार्थ

शब्द में अगर भाव नहीं
तो कोई अर्थ नहीं, मन
खुश हो तो अर्थ वरना व्यर्थ

शब्द के भण्डार पर है सँसार
शब्द के जाल में है बुद्धिजीवी
शब्द करे कमाल, जैसे धार–तलवार

शब्द दे विरह, जैसे दुधारी तलवार
शब्द ही **सँसार**, शब्द ही व्यापार
शब्द पर नाचे सारा **सँसार**

शब्द बिछाए जाल जैसे
महाभारत की चौसर
द्रौपदी के शब्द अग्निवाण
किया कुरूक्षेत्र का निर्माण
लहू बरसा धरा आज भी लाल

शब्दों के जाल से बच गये
तो हो गये योगी
शब्दों में फँस क्रोधित हुए
तो कहलाए भुक्त भोगी

शब्दों ने ही दिया
ध्रुव को सर्वोच्च स्थान
शब्द की महिमा है महान

शब्द पर घूम रहे जात—पात
शब्द—शब्द पर धर्म का विनाश
धर्म नाचे, जाति डोले, भूल
कर अपना सभी मान सम्मान
शब्द से शब्द द्वंद करे
समझ न पाए कोई
शब्द की महिमा है महान

शब्द ही तो थे जो
राम को मिला था वनवास
कैकेयी के दो वरदानों का था
वो अन्तहीन निदान
शब्द ही सर्वथा, शब्द ही व्यथा
शब्द ही अनजान, शब्द ही पहचान

गर्त में गिरे जब शब्द
सीता हुई वनवासी
उर्ध्व हुए जब शब्द
विश्वामित्र हुए सन्यासी
गायत्री मंत्र का जन्म
हुआ, नत मस्तक हुए महान

शब्द ही व्यापार, शब्द ही सँसार
शब्द ही आधार, शब्द निराधार
शब्दों का इतिहास है अन्तहीन

शब्द मन को भरमाए
शब्द ही मन को खाए
शब्द से मन डोल जाए
शब्द ही मन को तोड़ जाए

कितने कागद भरूं जो
मैं शब्द की महिमा लिख पाऊँ
नत मस्तक हूँ मैं शब्द के आगे
शब्द से बड़ा न कोई **इन्सान**
शब्द से बड़ा न कोई भगवान

शब्द ही **इन्सान**, शब्द ही भगवान
शब्द ही राक्षस, शब्द ही हैवान

शब्द की महिमा अपरंपार
समझ ले कोई तो भव सागर पार
शब्द ही कसे तंज, शब्द
ही दिलाए मान–अपमान

शब्द की महिमा मुझसे बखानी न जाए
शब्द है भाव तो शब्द है प्रभाव
शब्द ही संसार, शब्द ही व्यापार
शब्द ही योगी, शब्द ही भोगी

शब्दों पर नाच नचाए मोहिनी
शब्द पर करें शिव **ताण्डव**
शब्द से **गूँज** रहा है यह **ब्रह्माण्ड**
यह शब्द है बड़े ही महान

ध्वनि के साथ जब शब्द **गूँजा**
ओइम् से **ब्रह्माण्ड** रचाया
जल के साथ **गूँजा** जब शब्द
तो धरा पर महा प्रलय आया

शब्द की महिमा महान
शब्द ही मान, शब्द ही अपमान
शब्द है स्वाभिमान तो शब्द है सम्मान

शब्द की महिमा से कोई
भी बच न पाया, इसका
पार तो खुद पालनहार
को भी बचा न पाया

शब्द ही व्यापार, शब्द ही सँसार
शब्द ही आधार, शब्द ही निराधार
शब्दों का इतिहास है अन्तहीन
मेरी लेखनी हुई अब दीनहीन

नमन शब्दों को सौ–सौ बार
न है इसका कोई पारावार

शब्द ही आकार, शब्द ही निराकार
शब्द पर ही रोए यह संसार
शब्द से जागे, निःशब्द हो, सो जाए संसार

शब्द की गरिमा है बड़ी भारी
शब्द ही है सबसे बड़ा व्यापारी

जिन्दगी मिली थी मुझे एक बार

मिली थी जिन्दगी मुझे एक बार
राह में करती थी वो मेरा इन्तजार
मैं मशगूल थी देख न सकी उसको
यकीन मानिए फिर आज तक न हुई मुलाकात

चल रही है वो आज भी मेरे समानांतर
इठलाती बलखाती और तिरछी मुस्काती
कोशिश की मैनें उसे पकड़ने की बार बार
रेत की तरह वो मेरे जीवन से फिसल गई हर बार

देहलीज के खड़ी थी मैं इस पार और
वह उस पार बैठी थी कर ऊंची ग्रीवा
कदम थम गए मेरे वहाँ संकुचित देखकर रेखा
जो मिल रहा था वो आज भी मंजूर नहीं
यकीन मानिए फिर आज तक मुलाकात नही हुई
सच में फिर खैरात तो मिली लेकिन जिन्दगी नही
जो मुझे कभी भी मंजूर नही

दुल्हन चली घूँघट डार

दुल्हन चली घूँघट डार
ओढ़ कर वो चादर चार
काम क्रोध लोभ और मोह
महल के है ये चार द्वार

दुल्हन चली घूँघट डार
ओढ़ कर वो चादर चार
महल जैसे ही पग धर लीन्ही
मोह ने दे दीन्ही द्वार पर थाप
थोड़ा सा घूँघट खिसकाया
खोल दीन्हा उसने वह द्वार

दुल्हन चली घूँघट डार
ओढ़ कर वो चादर चार
मोह बैठ गया गोद में
धीमे से वो दीन्ही मुस्काय
झुके–झुके नैनों से
देख रही वो उसे बार–बार

दुल्हन चली घूँघट डार
ओढ़ कर वो चादर चार

घूँघट खिसका देख
काम ने कर दीन्हा प्रहार
घूँघट और खिसका, अब
नजरें हुई पूरी उससे चार
लाज–लज्जा भूल गयी
खुले सब महल के द्वार

दुल्हन चली **घूँघट** डार
ओढ़ कर वो चादर चार
लोभ–मोह और क्रोध थे लिपटे
काम के भी द्वार
ओढ़नी उतर गई अब
पकड़ लीन्ही चादर
अब उसने ये चार

दुल्हन चली घूँघट डार
ओढ़ कर वो चादर चार
मोह–क्रोध लोभ काम
पर आज वह नाचे द्वार–द्वार
थकी जब नाचते–नाचते
बैठ गयी वह थक हार
ओढ़नी ओढ़ी फिर से

करे जतन वह बार–बार
पर न पाये वह मोक्ष द्वार

दुल्हन चली **घूँघट** डार
ओढ़ कर वो चादर चार
ओढें ओढ़नी अब वह
करे उसका इन्तजार हर बार
न मिले अब उसे मोक्ष का द्वार

दुल्हन चली **घूँघट** डार
ओढ़ कर वो चादर चार

तुम्हें समर्पित माँ

वह दिन मुझे आज भी याद है
23 दिसम्बर की तारीख थी
तुम लाईं थी मेरे लिए, गाजर
का हलवा, सफेद रसगुल्ले और दही भल्ले

मैं बहुत हुई थी नाराज तुम पर
उस समय, इसलिए नहीं कि
तुम क्यों लाई थी, बल्कि
इसलिए कि तुम उसको बनाने
के लिए जगी थी सारी रात
बस मैं इसी लिए थी नाराज
पर तुम समझ गयी थी गलत बात
तुमने समझा मैं हूँ नाराज
और उस समय तुमने मुझसे कहा
कि आज मैं अपने हाथों से बना कर हूँ लाई
कल नही करेगा तुझसे कोई बात
नहीं पूछेगा तुझसे कोई
कि तुझे क्या पसन्द है और क्या नही

सुबह हुई, तुम अचानक चली
गई सदा के लिए छोड़ कर मेरा हाथ

वो हाथ मुझे आज भी याद है
वो बात मुझे आज भी याद है
सच में अब कोई नही पूछता
कि तुझे क्या पसंद है क्या नही?

तुम्हारे अचानक यूँ जाने पर
बहुत सारे प्रश्न चिन्ह थे, आज भी हैं
कहां हो तुम माँ, सच में
एक बार आ जाओ
मैं वो सब खाऊंगी
जो तुम बना कर लाई थी उस दिन
मेरे सामने अपनों के प्रश्न है
जो आज तक करते है पीछा मेरा
कहाँ हो तुम, एक बार आ जाओ, इनको
आकर बतला दो मैंने तुम्हारे मुर्दा
हाथ को पकड़ कर वह 16 घण्टे का
सफर कैसे तय किया था, कैसे तुम्हारी मिट्टी को
मैंने तुम्हारी मिट्टी पर पहुँचाया था
एक बार आ जाओ कहाँ हो तुम
मैं अब यह सब नहीं खाती हूँ
हर रोज वह 16 घण्टे का सफर तय करती हूँ
कुछ भी लिखने से पहले मैं माँ जरूर लिखती हूँ

नदी का रहस्य

विकल थी विहल थी
अविरल थी तरल थी
समझ न सका उसे कोई
आज नदी बहुत रोई
है ये रहस्य भारी
जान न सकेगा कोई

जल ही जल है उसमे समाया
देख न उसके कोई आँसू पाया
निरंतर बहती है चलती है
किसी ने नहीं पूछा क्या
तू कभी थकी नहीं

आदि से अंत तक
सागर में समाने तक
हर पल जीवन **बाँटती** चली
लेकिन स्वयं के जीवन को तरसी
आज नदी बहुत रोई

मिले थे उसे रास्ते में छोटे
और मोटे कंकड़ पत्थर
सबसे टकराती, चोट
खाती वह बहती गई
किसी ने न पूछा तू क्यों रोई

अंत में मिला उसे एक पत्थर भारी
उसने राह रोकी उसकी एक न्यारी
बोला थोड़ा रूक जाओ, थोड़ा सा
थम जाओ, थोड़ा तो ठहर जाओ
मुझसे कह दो अपनी कहानी सारी

वह देखती रही उसको सूनी सी
नहीं थमी, नहीं रूकी कहीं
क्या दूर कहीं प्रतीक्षा रत था कोई
इसी रूदन विलाप के साथ
कल कल बहती रही वो
अंत में जाकर समा गई अनंत में
जहां प्रतीक्षा नहीं कर रहा था कोई

हर रोज नदी बहती है
हर रोज वह बहुत रोती है
पर यह रहस्य जान न सका कोई

समय और विहंगिनी

चली थी वह कुछ दूर
जीवन से परिचित हूई
जीवन ने पूछा, कि तुम
इतनी खुश हो क्यों
क्यों नही तुम मुरझाई
स्वयं में ही हो तुम समाई?

तुम्हें तो चाहिए था दुख–सुख
अपने पराये संघर्ष और विराम
मिले तुम्हे वह हर बार
फिर भी नहीं हो तुम मुरझाई
तुम तो स्वयं में ही हो समाई

कुछ और कदम चली वह
तब अंतःकरण से हुई मुलाकाल
उसने भी पूछा वही एक प्रश्न
तुम क्यों हो इतनी खुश
क्यों नही हो तुम मुरझाई
स्वयं में ही हो तुम समाई?

तब बोली वह, तुम थे खुद में व्यस्त
अपनी ही तरगों को गुनगुनाने में
कुछ देने में और कुछ छीन ले जाने में
कब था तुम्हे मेरा ध्यान, सुनकर
अंतर्मन हुआ अचम्भित तब स्वयं में

कुछ दूर और वह चली
मिला उसे उसका समय
था जो काल से भी परे

कहां समय ने, था मैने
तुम्हे रौंदा बहुत ही वेग से
लेकिन तुम तो हो खुश
क्यों नही हो तुम मुरझाई
तुम तो हो स्वयं में समाई

उसके बाद भी तुम अपने ही
अस्तित्व में मेरे सम्मुख आयी

वह मुस्काई और आगे बढ़ी
रह गयी थी अब केवल उसकी परछाई
जिसको समय रौंद रहा था
था केवल वह उसका साया
हतप्रभ था वह स्वयं में
क्या आज थी उसने मात खाई
क्या थी वह एक महा माया
अब प्रश्न पूछना था उसे काल से
क्या वह पराजित हुआ था अपने ही वार से?

क्षणिकाएं

(1)

नेत्र बन्द, फेर रहे है कर माला
ढूंढ रहे जगत में अनहत नाद
मन का पाखी फिरे डाल–डाल
न पाए एक पल का भी विश्राम

(2)

कोई बात तो होगी उनमे कि
खामोशी में भी हलचल हो गयी
जो थी नजरें इधर–उधर
उन्ही पर आकर क्यों ठहर गयी

(3)

प्रेम कीजिए ऐसे, जैसे सारस पक्षी महान
संग हमेशा रहे जोड़े में, ऊँची भरे उड़ान
एक मरे, दूजा तजे वियोग में अपने प्राण

(4)

हीर चाहे रांझा, पथिक को राह
व्यापारी को व्यापार, साधू को चाह
एक ही माया में नाच रहे सब
न किसी को थाह, न ही परवाह

(5)

क्या करते हो तुम बात उसकी
पहले खुद से नजर तो मिला लो
ये उँगली जो उठी है, उसे गिरा लो
पहले अपने कपड़े तो बदल दालो
क्यों उछाल रहे हो तुम उस पर कीचड़
पहले अपने कीचड़ को तो धो डालों

(6)

आवारा बादल बनकर हर जगह घूमा मैं
पर याद आयी मुझे अपनी वो गलियाँ ही

(7)

खाइयाँ तो बढ़नी ही है, बेहतर है खामोशी तोड़ दे
टूटे बिखरे रिश्तों को समय रहते ही जोड़ दे

(8)

उसकी खामोशी देखकर मैं समझ गया था
कि वह अब मुझसे कभी भी बात नही करेगी
लेकिन मैं तो मैं था चलता रहा उसके पीछे
पलट कर उसने कहा, आखिर तुम जीत ही गए
क्योंकि वो किस्मत थी और मैं जीवन था

(9)

सही बोल बोले तो लेकर बैठे है तलवार
गलत बोल पर कहाँ चली जाती है इनके
शब्दों की धार
सुधा चला लेखनी मत चुप हो मत
डर संसार

(10)

जिन्दगी में तेरा तो कुछ नही
लेकिन मैं भी तो कहीं नही
बता सकता है तो तू बता दे
मेरा तो कोई भी पता नहीं

(11)

मीन रहे जल में, त्यागे जल बिन प्राण
मानव रहे जग में, दे इसी जग को प्रताण

(12)

जिन्दगी जब भी किस्मत के पीछे चली
बिखरी
जिन्दगी जब भी किस्मत के आगे चली
संवरी

(13)

जीवन से जीवन द्वंद करें
करे हर जीवन का अपमान
जीवन स्तब्ध खड़ा होकर
देख रहा है अपना ही अखाड़ा महान

(14)

जिरह का केवल एक ही वार
हम सही और तुम हो बेकार
जिरह के रूप है अनेक, तुम
क्या हो हम ही है एक अनेक

(15)

व्यवहार कुशल *हीन* मनुष्य का ज्ञान
अभिमान में परिवर्तित हो जाता है

(16)

मत करो इश्क इश्क इश्क
अब यह कही नही है मिलता
ये बहुत दिलों के है नाम
पता नही अब यह किसका पैगाम है

(17)

बेखुदी में ही कर लो खुदा खुदा
मिल जाएगें जो है कही जुदा जुदा

(18)

चल दिए हम मगर रास्ता पता नही
जिन्दगी कहाँ मिलेगी कुछ पता नहीं
क्या तुम्हारी जिन्दगी से मुलाकात हुई
बता दो पता क्या, पता हम भी पहुँचे वहीं कहीं

(19)

शिकवा करें क्या कुछ हासिल नही
जिन्दगी में अब कोई शामिल नही
फितरत हमारी औरों जैसी नहीं
वरना क्या हम भी एक खुदा नही

(20)

खामोशी का बाजार भी अजब है
दुनिया का गजब रूप दिखती है

(21)

किस मुगालते में है आप यहाँ पर
खुदा से भी नजरें मिलाते है लोग
रोशनी को धुएँ में बदल देने के बाद
ये हुनर है हमारा बड़े फक्र से बताते है लोग

ये वो दौर है जो बड़ी खामोशी से
आग लगा कर फिर बुझाने आते है लोग

(22)

मयखानों की बेअदबी तो देखिए
अपना ही राज खोल देते है लोग

(23)

इजहारे इश्क बदन से नही आजकल रूह से
करने लगे हैं लोग
मैं हैरान हूं इश्क के इस दरिया को देख कर
संमदर ने भी डर कर अपने किनारे समेट लिए है
कब ये खुद रूह बन जाएं इनको खुद खबर नही है

(24)

दरिया ने आज मुझसे एक फरियाद की है
उसने दुआओं में खुदा को नही तुझे याद किया है
तेरे हिस्से का हर सफर उसने तय किया है
क्या तेरे दामन में माफी का एक कतरा भी नही

(25)

तू भी मझधार में, मै भी मझधार में
न कोई पतवार न ही कोई खेवनहार
चल अकेला चल ओ राही कर नैया पार

(26)

आज सलीकों और कायदे की बात मत कीजिए
वो तो न जाने हम किन गलियों में छोड़ आए
सड़कों पर तो भीड़ का सूनापन मिलता है
हर जगह हाथ उठते है *यहाँ* गिराने के लिए
अजीब मिजाज के शहर है ये बस जीते है अब
ये केवल मयखानों के लिए

(27)

जीवन को जब जीवन से
मुक्त ही होना है तो यह भय क्यों
मृत्यु के धरातल पर ही तो
जीवन आधारित है फिर भी
पाप और पुण्य के मध्य यह
अंतर्मन के अंतर्द्वंद्व का कोलाहल क्यों

(28)

रिश्ते बह गए है पानी की तरह
नहीं बंधते अब ये किसी तरह
पत्थर की मूरत मे भी दिल धड़कता है
दिलो में पत्थर बस गये अब सभी जगह

(29)

जब किस्मत चादर बिछा कर सो जाती है
तब कर्म बीच बाजार में ठगा सा खड़ा रह जाता है

(30)

सब कुछ पाकर भी एक दिन
सबको यहाँ से चले जाना है, फिर
भी इतना बाजारवाद इतनी हाय
तौबा इतना मेरा तेरा है क्यों

(31)

लाख कोशिशें कर ले बंदा उसकी क्या औकात
मोहरों के साथ बिछा लें वह कैसी भी बिसात

(32)

जीवन यात्रा में तुम कहां रह गए प्रियवर
नदी लहरें ही नही पूछ रहे है ये तरुवर
चिडिया बोली मेरी भी राह और मेरा घर
तुम्हारी पगडंडियां कहां रह गयी और घर
तुम ही बताओं मैं उनको क्या बोलूं प्रियवर

(33)

वो चले उधर, जिधर हवा चली
हम चल दिए उधर, जिधर जिन्दगी चली
ऐहसास दोनो के है मगर फर्क है
किसी की जिन्दगी उजड़ी तो किसी की बस चली

(34)

जीवन की धारा में अब तुम क्यों आ गए
बोझिल था मन फिर भी तुम छा गए
जीवन जो अब बीत ही चला है
तुम क्यों सलिस सरिता बहा गए

आज चल चित्र सा मन हो गया है मेरा
अब तो सवेरा भी लगता है एक घनेरा

(35)

खाना तन लाग्यो
कर्म लाग्यो भाग्य
मनवा काहे रोए तू
यही है सार संसार

(36)

जीवन जब हार चला
यूं लगा कोई भार टला

(37)

अनुभव की देहरी पर मैने कुछ तो पाया है
तुम बता सकोगे तुमने क्या **गवायाँ** *है*

(38)

अगर बदल लेती वो जीवन की धारा
तो यह जीवन किस पर हँसता, किस पर रोता बेचारा

(39)

बचपन जैसी उमंग नहीं, जवानी जैसा न
दंभ
बूढा हुआ शरीर कहां गए अब वह सब
खंभ
न वो डेरा रहा न वो बसेरा तके आकाश
ओर
चल देते है जब सब अचानक उंगली छोड़
छोड़
शिथिल है शरीर, मन पूछ रहा है स्वयं से
बहुत प्रश्न
क्यों किया मैनें जीवन व्यतीत बिना ईश्वर के
संग

(40)

बचपन के चार दिन, जवानी के आठ
बुढापें के सौ दिन कटे जैसे ओस प्यास

www.ingramcontent.com/pod-product-compliance
Lightning Source LLC
LaVergne TN
LVHW061612070526
838199LV00078B/7258
* 9 7 8 9 3 5 8 1 9 0 9 2 2 *